LES HARICOTS VERTS ET PETITS POIS

G. Sirtori – E. Boffelli

LES HARICOTS VERTS ET PETITS POIS

De Vecchi

Crédits photographiques

Photos des auteurs ou de E. Lasagni aux pages : 2, 3, 6, 8, 9, 12, 14, 17, 18, 21, 23, 28, 29, 37, 41, 44, 48, 51, 52, 56, 64, 65, 67, 68, 74, 79, 80, 81, 82, 84, 85, 86, 88, 91, 92, 94, 95

Dans la même collection

La Carotte, de C. de Rosamel, 2007.
Courges et courgettes, de E. Boffelli et G. Sirtori, 2007.
Les Salades vertes, de E. Boffelli et G. Sirtori, 2007.
La Tomate, de E. Boffelli et G. Sirtori, 2007.

Conception graphique de la couverture : Yes
Photos de couverture (de gauche à droite et de haut en bas) :
© Miroslav Tomasovic, Iwka, Martina Berg, Ruta Saulyte, Miroslav Tomasovic, OlgaLIS, Anatoliy Zavodskov, Rémy Vallée/Fotolia
Traduction : Sandrine Chabert-Morel

Imprimé en Italie

SOMMAIRE

INTRODUCTION

Fleurs de petits pois.

La grande famille des légumineuses, ou Papilionacées, compte une multitude d'espèces potagères, qui sont cultivées aux quatre coins du monde ; leur partie comestible se compose de graines ou de fruits récoltés avant maturité, encore « verts ». Le fruit est un légume appelé gousse ou cosse, qui à maturité s'ouvre pour former deux valves parallèles. À l'origine du mot légumineuse, on a le *legumen*, qui désigne des graines comestibles regroupées à l'intérieur d'une gousse ou d'une cosse. Les fleurs se composent de cinq pétales disposés en forme d'étendard, d'une carène et de deux ailes ; l'ensemble donne l'impression d'un papillon, une forme originale qui est à l'origine du nom sous lequel on appelle plus communément les légumineuses, autrement dit les Papilionacées. Les fruits et les graines des légumineuses ont une qualité commune : ils sont très riches en protéines, contrairement aux autres plantes potagères, qui sont essentiellement riches en hydrates de carbone.
Bien que les légumineuses ne contiennent pas des protéines aussi « nobles » que celles de la viande, elles sont cependant très riches d'un point de vue nutritif et leur mode de production est bien plus économique que celui des autres sources de protéines. Les « légumes » sont, par conséquent, une composante essentielle du régime alimentaire en général et du régime

végétarien en particulier: leur diffusion et leur culture facile font qu'ils sont encore aujourd'hui considérés comme « la viande du pauvre ». On cultive beaucoup de légumineuses pour l'alimentation humaine: il suffit de citer à titre d'exemple les immenses champs de culture de soja (destiné également à l'alimentation animale), les cultures spécifiques comme celles de pois chiches, lentilles, lupins, gesses, fèves et bien d'autres encore sur chaque continent. Les espèces les plus répandues dans nos potagers sont certainement les haricots à écosser, les haricots mange-tout et les petits pois: on les mange frais, on les conserve secs ou frais en surgelés, ou encore en boîte après les avoir blanchis puis plongés dans un liquide composé d'eau et de sel (saumure) ; on peut ainsi les consommer même lorsque les conditions climatiques ne permettent pas de les cultiver soi-même, si ce n'est sous des structures protégées. Actuellement, une grande partie de la production, qu'elle soit familiale ou industrielle, dans les champs ou sous serre, s'oriente vers les haricots à écosser, les pois frais à écosser et les haricots mange-tout ; grâce aux techniques de culture sous abri, on les trouve toute l'année sur les étals des marchés.

Leurs origines

Ce n'est que depuis quelques années seulement, au terme de longues diatribes entre botanistes, que l'on sait avec certitude que le haricot, que nous cultivons aujourd'hui dans nos régions, est originaire d'Amérique du Sud et plus précisément **du Pérou et de Colombie**, même si quelques espèces spontanées et envahissantes ont été retrouvées au Mexique et au Guatemala.

Le haricot est donc arrivé en Europe **avec les conquistadors espagnols, au début du XVIe siècle**; d'abord cultivé en France, il s'est rapidement diffusé dans les autres pays, en particulier ceux au climat chaud et tempéré. **Le terme haricot désigne deux genres botaniques distincts : le *Phaseolus*, né en Amérique du Sud et centrale et le *Vigna*, afro-asiatique, au Nigeria.** De fait, des fouilles dans des tombes précolombiennes ont révélé la présence de graines de haricots d'un genre différent de celles retrouvées ensuite en Europe et en Asie lors de fouilles analogues. Les populations anciennes des Amériques avaient pour habitude d'associer la culture des haricots à celle du maïs; ce n'était d'ailleurs pas un hasard, mais plutôt la réponse à une nécessité : le maïs ne contient qu'une seule protéine, la zéine, qui est pauvre en acides aminés, tels que la lysine et le tryptophane, très présents au contraire dans le haricot. En cumulant la culture et la consommation du haricot avec celle du maïs, ces populations pouvaient manger à la fois complet et équilibré.

Des auteurs antiques, tels Pline, Columelle et Théophraste, citaient déjà le haricot comme un produit courant de leur régime alimentaire, allant même jusqu'à donner des informations sur son mode de culture; en réalité, ils ne parlaient pas du *Phaseolus* mais plutôt du *Dolichus* ou du *Vigna*. Ces deux genres se caractérisent par des cosses longues et fines, d'où parfois leur nom de haricot au mètre, et un grain avec un hile (œil) cerclé de noir. On les cultive encore aujourd'hui sous le nom de « haricots à œil noir ».

La fleur de la dolique se compose de pétales en forme d'étendard, d'une carène et d'ailes qui la font ressembler à un papillon, une forme typique des fleurs de légumineuses.

Haricots à œil noir.

Le terme français « haricot » viendrait du mot « ayactol » qui, en nahuatl, la langue des Aztèques, désigne cette plante ; il regroupe à lui seul toutes les plantes que Linné fut le premier à classifier dans la même famille. Pourtant, il existe depuis toujours non pas un mais deux grands groupes de haricots cultivés : l'un est d'origine américaine (genre *Phaseolus*) et l'autre d'origine asiatique (les genres *Dolichus* ou *Vigna*). Ils comptent tous les deux des variétés à rames et des variétés naines. Ces plantes se ressemblent beaucoup morphologiquement, bien que les fruits des haricots américains soient visiblement plus gros et comportent une plus grande variété de couleurs. Les haricots américains comptent une incroyable diversité de variétés, ils sont les plus répandus et les plus cultivés. On fait assez facilement la distinction entre les deux groupes en observant leurs fleurs : les espèces américaines ont essentiellement des fleurs blanches, rouges ou pigmentées, alors que les espèces asiatiques ont des fleurs jaunes. Les tiges et les feuilles de haricot d'origine américaine sont recouvertes d'un abondant duvet, alors que celles de type asiatique sont complètement glabres. Les deux groupes sont incapables de se féconder l'un l'autre. Le *Phaseolus* domine à présent également les champs de culture européens et asiatiques, d'une part parce que ses graines et ses fruits présentent des critères organoleptiques de meilleure qualité et d'autre part parce qu'il est plus rentable. Malgré cela les variétés de *Dolichus* n'ont pas encore disparu de nos bons vieux potagers de famille.

En ce qui concerne les pois, on les cultive en Europe depuis la nuit des temps : les pois étaient vraisemblablement déjà présents à Paris à l'âge du bronze (2 000 ans avant Jésus-Christ). On suppose que la culture des pois a débuté en Asie, et plus précisément dans des pays tels que l'Afghanistan et le nord de l'Inde ; elle a ensuite traversé le Moyen-Orient, puis a atteint les régions du bassin méditerranéen. Les anciens Romains reconnaissaient déjà à cette plante, outre les qualités nutritives de ses graines, sa capacité à enrichir la terre et à améliorer sa structure. Le *Pisum arvense* est, par exemple, une espèce qui, encore aujourd'hui, sert de plante fourragère ou comme engrais vert. Pour la petite histoire, ce fut grâce aux pois, faciles à cultiver et d'une croissance rapide, que Johann Mendel, moine augustin, aboutit à ses célèbres lois sur la transmission des caractères héréditaires, qui portent son nom, et ce, après avoir effectué des croisements entre des variétés hautement sélectionnées.

Caractéristiques botaniques du haricot à écosser

Le genre *Phaseolus* comporte un grand nombre d'espèces, chacune d'elles ayant des caractères qui lui sont propres.

L'espèce la plus courante et la plus connue est le *Phaseolus vulgaris*, qui représente, avec ses multiples variétés, le haricot « à écosser » le plus cultivé. Le

Saviez-vous que...

En France, le *Phaseolus vulgaris* désigne toutes les parties consommées de la plante ; il comprend toutes les variétés dont les gousses sont cueillies fraîches avant maturité : les haricots verts, jaunes et mange-tout. À maturité, les cosses ne sont plus mangeables, on consomme les graines fraîches ou sèches. Les Américains désignent le haricot par deux mots différents, *bean* pour le *Phaseolus*, et *cowpea* pour le *Vigna*.

port de cette plante herbacée annuelle est rarement érigé ou intermédiaire, la tige est plus ou moins recouverte de poils. Lors de la germination, les cotylédons sont soulevés hors de terre par la croissance de la radicelle. La racine, fine mais pivotante, s'enfonce dans la terre, jusqu'à 70-80 cm de profondeur; elle joue essentiellement un rôle d'ancrage de la plante. Les racines latérales ont une fonction d'absorption de l'eau; la plupart sont situées légèrement en-dessous de la surface du sol et sont recouvertes de poils radicaux. Les légumineuses sont, comme nous l'avons déjà évoqué, des plantes très utiles pour la terre, car elles ont le pouvoir de capturer l'azote atmosphérique et de le distribuer dans le substrat. Cela est possible grâce à des micro-organismes bactériens, qui vivent en symbiose avec les racines; normalement, les *rhizobium*, bactéries fixatrices d'azote, s'installent directement sur les racines latérales. Après l'apparition des cotylédons, on observe la formation des premières véritables feuilles, qui se présentent comme des feuilles individuelles; ce n'est que plus tard, une fois qu'elles seront adultes, qu'elles afficheront leur forme typique, trifoliée, accompagnée de segments de forme ovale rattachés à la tige par un long pédoncule. Les entre-nœuds de la tige sont très longs, ce qui permet à la plante, chez les variétés à rames, de s'enrouler autour du tuteur en procédant par la gauche. La tige se termine par une inflorescence; les fleurs se parent de différentes couleurs, en fonction des nombreuses variétés: elles peuvent être blanches, jaunes ou rouges, et se décliner dans des dégradés et des nuances qui parfois tournent au violet. Les fleurs sortent des aisselles des feuilles pour former des grappes qui peuvent être très nombreuses. Le nombre de fleurs par grappe n'indique pas pour autant une grande productivité de grains: il arrive en effet que des plantes à la floraison luxuriante ne produisent en fin de cycle que quelques gousses. Les variétés de cette espèce pratiquent l'**autofécondation**: la pollinisation a lieu normalement après la chute du pollen sur l'étamine de la même fleur. Selon les variétés, les gousses, poilues ou glabres, issues de la métamorphose d'une feuille, sont de forme étroite, allongée, plate ou cylindrique. Elles se développent si rapidement que l'on peut déjà ramasser les mange-tout une dizaine de jours après leur floraison. Les grains sont réniformes chez les haricots à écosser et globuleux chez les mange-tout : parmi ces derniers, le consommateur privilégie les gousses dont la surface est lisse et non bombée par les grains. Ceux-ci peuvent être de différentes couleurs, du blanc au noir, uni ou tacheté. Parmi toutes les espèces de haricots cultivés, les grains du *Phaseolus vulgaris* sont ceux qui sont les plus riches en protéines et en matières grasses.

Le *Phaseolus coccineus L.* ou *multiflorus Wild.* comporte tous les haricots qui appartiennent au groupe appelé « **haricots d'Espagne** ». Cette plante à rames est une vivace utilisée en annuelle dans les potagers, car elle ne vit qu'une seule saison sous nos climats. Peu ramifiée, elle est cependant très vigoureuse ; la tige peut atteindre quatre mètres de hauteur. Les feuilles, insérées sur la tige, sont portées par de longs pétioles ; elles se divisent en trois parties, grandes et

Rangs de *Phaseolus vulgaris* : on observe déjà la présence de deux cotylédons et des premières feuilles non trifoliées.

ovales. Les fleurs apparaissent à l'aisselle des feuilles, sous forme de grappes très abondantes ; les fleurs sont plus grandes que celles du *Phaseolus vulgaris* et affichent des couleurs rouge vif (même s'il n'est pas rare de rencontrer des variétés à fleurs blanches, roses ou bigarrées). En règle générale, le pédoncule de la grappe des fleurs est bien plus long que celui des feuilles. Ces variétés préfèrent être pollinisées par des insectes (**pollinisation entomophile**). La gousse est

plutôt verruqueuse, grande et plate; à maturité, sa couleur vert foncé passe et tourne au jaune. Les grains, moins nombreux dans la gousse, sont réniformes, plats et volumineux; ils sont enfin bien plus gros que ceux de l'espèce décrite précédemment. Les grains sont mûrs environ un mois après la floraison – toujours très abondante – de la plante; cette dernière continue de fleurir jusqu'aux premiers froids de l'automne. On utilise ces variétés uniquement pour leurs grains consommés frais ou secs. Une fois que la semence germe, les deux feuilles cotylédonaires restent sous terre, seul l'épicotyle (partie de l'axe située au-dessus du point d'attache des cotylédons) pointe à la surface du sol. Les deux premières feuilles sont unifoliées, seules les suivantes seront trifoliées. Ces variétés résistent mieux que les autres aux chutes des températures, à condition bien sûr qu'elles ne soient pas trop excessives, c'est pourquoi on la cultive essentiellement en été et en automne dans les potagers.

Le *Phaseolus lunatus* est cultivé principalement dans le sud des États-Unis et en Amérique tropicale. Cette espèce très productive est en effet thermophile et se récolte de manière plutôt tardive. Certaines variétés atteignent 15 mètres de hauteur ; d'autres en revanche, cultivées dans des zones plus arides, sont de type nain. La plante est herbacée et la quasi-totalité des cultivars, bien que vivace, est cultivée en annuelle, ou tout au plus en bisannuelle. Cette plante à rames est dotée de feuilles trifoliées, coriaces, à la forme plus allongée, presque lancéolée, par rapport aux deux espèces précédentes. Les fleurs sont de petite taille, de couleur blanc-rosé et rassemblées sous forme de grappes qui sont très nombreuses: elles produisent elles-mêmes des gousses sous forme de grappes, de forme aplatie; très larges, les gousses sont souvent falciformes. Comme chez le *Phaseolus vulgaris*, les cotylédons sortent de terre au moment de la germination. Les graines sont là encore extrêmement plates et particulièrement striées : on les connaît mieux sous l'appellation « haricots de Lima ». La forme recourbée, plate, courte, en demi-lune de la cosse fait que cette espèce est également connue sous le nom de « haricot sabre ». Les variétés les plus cultivées au Mexique et aux États-Unis (sud de la Californie) ont été affublées des noms les plus étranges, en rapport avec la forme de leur graine : *Soldier* car l'œil du haricot ressemble à un soldat, *Popago cowbeans* (haricot vache) et *Pintos* en raison des couleurs vives de leurs graines. Les gousses atteignent en moyenne 10 à 12 cm de longueur.

D'autres espèces de *Phaseolus* (*caracalla, semierectus, acutifolius, retusus, angularis*, etc.) sont également cultivées aux États-Unis et destinées à une consommation humaine ou animale ; chez nous, elles sont pratiquement inconnues ou reléguées au rang de curiosités, car il est difficile de se procurer leurs semences. Ces haricots présentent des dimensions très variées : 100 grammes de certaines variétés peuvent correspondre à 150 graines, et d'autres à 600 graines. Si elles sont stockées dans de bonnes conditions, elles peuvent conserver leur capacité germinative pendant 3 ou 4 ans.

Même s'il n'appartient pas au genre *Phaseolus*, le *Vigna* fait partie des plantes cultivées dans les potagers de famille ; on le confond souvent avec le *Dolichos*, connu et surtout cultivé pour ses espèces ornementales. Il nous semble utile de mentionner ici ces essences végétales, car on peut les cultiver avec succès sous nos climats. Le genre *Vigna* comprend les haricots à œil noir ; comme nous l'avons déjà évoqué précédemment, il s'agit de haricots d'origine asiatique, qui sont morphologiquement très proches du haricot commun. Les plantes sont herbacées, dotées de longues tiges volubiles, de feuilles trifoliées alternes, qui présentent à leur aisselle des inflorescences en grappes ou des fleurs simples, petites, essentielle-

Haricots noirs.

ment de couleur jaune, plus rarement blanche, rose, pourpre ou bleu-violet. Les fruits sont linéaires, comprimés, très souvent longs ; à l'intérieur, un tissu cellulaire spongieux enveloppe des petites graines, souvent plates, blanches pour la variété à fleurs blanches, de différentes couleurs (noires, grises, jaunes, rouge sombre) chez les autres. Le point d'attache de la graine à la gousse (hile) est visible à l'œil nu ; il peut être de couleur noire, marron ou blanche : cette particularité est précisément à l'origine du nom familier dont on a affublé les variétés, à savoir haricots à œil noir.

Le *Vigna sinensis sesquipedalis*, ou littéralement « haricot kilomètre », produit des fruits appelés doliques asperges ou encore doliques géantes. Les nombreuses gousses réunies en grappes sont de forme cylindrique, de couleur vert clair et contiennent peu de graines. On cultive ces plantes, au pied très fourni, pour produire des haricots mange-tout, dont le légume (la gousse en botanique) peut atteindre 70 cm de longueur ; on les récolte généralement lorsqu'ils atteignent les 2/3 de leur longueur maximale, et ce pour les consommer frais. Certaines variétés atteignent plus d' 1 mètre de longueur, c'est pourquoi on les appelle **haricots kilomètre ou haricots mètre ou encore haricot spaghetti**. On les récolte lorsqu'ils atteignent entre 25 et 30 cm de longueur, pour pouvoir les consommer dans des conditions de tendreté optimales et lorsqu'elles sont au meilleur de leurs qualités organoleptiques. Si on les laisse sur la plante jusqu'à leur complète maturation, on peut utiliser les grains (qui se conservent également secs) ; bien cuisinés, ils ont une saveur particulière et différente du haricot commun. On connaît également d'autres sous-espèces, par exemple le *Dolichos melanophthalmus,* au port érigé et qui ne dépasse pas les 50 à 60 cm de hauteur ; très ramifiée, la tige foliaire est cannelée et la gousse peut atteindre environ 30 cm de longueur. Les plantes sont particulièrement productives ; elles résistent très bien aux maladies ordinaires et vous pouvez les cultiver dans vos jardins dès le printemps, pour obtenir de véritables primeurs. Elles nécessitent cependant des techniques de culture très précises, qu'ils s'agissent de la préparation de la terre avant la plantation ou des actes d'entretien qui la suivront : l'irrigation demande une attention toute particulière, car ces types de haricots ont des besoins en eau supérieurs à la moyenne des autres légumes. Le *melanophthalmus* est, pour conclure, un excellent haricot à consommer toujours frais.

Dans les régions méridionales et dans les zones au climat particulièrement chaud, on trouve le *Vigna unguiculata* : cette plante rustique résiste bien à la sécheresse ; on la cultive aussi bien pour produire des légumes nouveaux que pour ses graines. Les plantes ne dépassent pas 60 à 70 cm de hauteur, leur port est semi-érigé, elles ont donc besoin de rames. Le pédoncule foliaire est court et leur récolte précoce les rend extrêmement intéressante. On peut récolter les jeunes gousses mais aussi produire des grains, blancs cerclés de noir, de petit ou moyen calibre.
Ce groupe de haricot d'origine asiatique doit sa classification, typiquement latine, à des auteurs antiques qui nous ont laissé de précieux traités d'horticulture, tels le *De Re Rustica* de Columelle et *Naturalis Historia* de Pline l'Ancien.

Merveille de Venise : feuilles trifoliées et légèrement lancéolées.

Tous les haricots, américains ou asiatiques, sont des **plantes à tige herbacée** ; chez les variétés à rames, elles peuvent dépasser 3 mètres de hauteur et sont toujours d'aspect très fin ; chez les variétés naines, la tige ne dépasse pas les 50 à 60 cm de hauteur. Dans la mesure où il s'agit de tiges très volubiles, et ce dès les premiers stades de leur vie, il faut impérativement utiliser des rames, autour desquelles ces plantes s'enrouleront très facilement. Ces tuteurs ne doivent pas mesurer moins de 2 à 2,50 mètres ; ils doivent en outre être très résistants et élastiques (les tuteurs en châtaignier sont parfaits à cet égard). Généralement, on pose les rames de la manière suivante : on les plante solidement sur deux rangées parallèles en les inclinant à environ 45 °, puis on les attache deux par deux à leur sommet. Au sommet de ces paires, on pose ensuite un autre tuteur, de manière transversale, pour empêcher d'une part un développement excessif de la végétation et d'autre part pour que le poids des feuilles et des fruits situés en haut des plantes ne provoquent pas l'effondrement des rames et par conséquent de graves dommages sur le rendement.

Comme nous l'avons dit précédemment, chez toutes les espèces de haricot, les deux premières feuilles qui apparaissent sur la tige lors de sa sortie de terre sont simples, cordiformes et pétiolées. Les feuilles qui apparaissent ensuite sont trifoliées, de la même forme que celle décrite précédemment mais, dans certains cas, il arrive d'observer des feuilles lancéolées. Elles sont généralement rugueuses au toucher, en raison des nombreux poils présents sur les deux faces de la feuille. Là encore il existe des exceptions à la règle, puisque chez certaines variétés la feuille est glabre. Elles sont distribuées de manière alterne sur une tige fragile. Un bourgeon portant l'inflorescence se développe à l'aisselle des feuilles ; les fleurs sont rassemblées en grappes de taille variable (de 10 à 50 cm de longueur) et le nombre de fleurs par grappe varie en fonction des variétés : certaines grappes comptent entre 6 et 10 fleurs, d'autres portent jusqu'à 50 fleurs. Chaque fleur fécondée, soit par autogamie soit par l'intervention d'insectes pollinisateurs, se transforme en fruit : ce dernier est un légume (gousse en botanique) légèrement poilu, droit ou recourbé (en forme de faux ou de croissant de lune), qui atteint de 5-6 cm à 10-12 cm de longueur. Seule la dolique atteint une longueur considérablement plus importante.

Les grains, en grossissant à l'intérieur de la gousse, donnent aux valves, qui demeurent tendres et charnues, leur forme ondulée. Si l'on observe une gousse à maturité, on peut facilement identifier l'emplacement des grains en son sein. La jeune gousse conserve sa couleur verte (ou jaune) puis, chez les haricots à écosser, elle prend une couleur unie (vert clair, blanchâtre, jaune paille). Ces couleurs, qui indiquent le degré de matu-

On distingue le *Phaseolus vulgaris* du *Phaseolus coccineus* à leur sortie de terre : le premier fait apparaître deux feuilles cotylédonaires, pas le deuxième. Le *Phaseolus lunatus* fait comme le *vulgaris*.

ration des grains et le moment de les récolter, passent avec l'assèchement du fruit. Les deux valves deviennent en effet sèches et de couleur jaune paille, tandis que les grains situés à l'intérieur se déshydratent rapidement et sèchent à leur tour.

Les grains se parent de couleurs les plus variées (et les plus voyantes) en fonction de l'espèce et de la variété cultivée. Ils peuvent être blancs (haricots d'Espagne), gris, jaunes, rouges, violets, marron, noirâtres. La couleur unie fait souvent place à des bigarrées plus ou moins intenses. De même, les dimensions et le poids de chaque grain varie d'un extrême à l'autre : 100 grains peuvent peser 30 ou 40 grammes, mais chez certaines variétés ils peuvent atteindre 250 à 300 grammes. La forme varie également : en forme de cylindre, de rein, plate ou sphérique.

Le haricot à écosser comprend plusieurs variétés :

Le **coco blanc** est un haricot blanc de forme ovale.

Le **coco rose**, ou **haricot borlotti**, est un haricot brun veiné de rouge foncé. Sa saveur est douce.

Le **flageolet**, ou **chevrier**, est un petit haricot mince et aplati, de couleur vert pâle à la saveur subtile, accompagnant traditionnellement le gigot d'agneau. On le trouve surtout en conserve ou sec.

Les plants de haricot nain doivent être suffisamment hauts et les gousses pas trop longues pour empêcher la partie terminale du fruit de toucher le sol.

Le **haricot blanc**, au goût peu prononcé, est un haricot très populaire en Italie.
Le **haricot noir** est un haricot de taille moyenne, de couleur noire, ovale et à la saveur douce.
Le **haricot pinto**, ou **rosé**, est un haricot apparenté aux haricots rouges car sa peau devient rose en cuisant. Il est veiné et a une texture farineuse.
Le **haricot rouge** est un haricot de taille moyenne, avec une couleur allant du rose au rouge foncé. Il a une texture onctueuse et un goût prononcé.
Qu'elles soient naines ou à rames, les variétés locales françaises sont :
La **Mojette** ou **Mogette de Vendée** : haricot blanc produit en Vendée. Appelée également « lingots » ou « cocos » de Vendée, la mogette se consomme chaude ou froide.
Le **flageolet vert**, dit **« chevrier »,** est une spécialité française, sélectionnée au siècle dernier par M. Chevrier, cultivateur de Brétigny (Essonne). Ce flageolet conserve sa couleur verte et donc un aspect de légume frais tout en étant sec.

EN HAUT
Le Catalogue officiel des espèces et variétés de plantes cultivées en France propose une liste de variétés de haricots qui distingue les haricots nains des haricots à rames, mais sans préciser leur destination alimentaire. En ce qui nous concerne, et dans un souci de clarté, nous préférons proposer une liste des variétés de haricots à écosser sans distinguer le type nain ou à rames, dans la mesure où nous avons déjà décrit les caractères spécifiques de ces deux types.

EN BAS
Haricots Lamon.

PAGE DE GAUCHE
Haricots borlotti.

Ces haricots sont verts car ils sont récoltés avant d'avoir atteint leur maturité complète.

Le **haricot Tarbais** : la qualité du haricot Tarbais est strictement contrôlée par un label rouge ; une IGP (Indication Géographique Protégée) délimite le bassin de production, centré sur le département des Hautes-Pyrénées. C'est une plante grimpante qui est tuteurée par tradition sur maïs. Le haricot Tarbais est le haricot du cassoulet par excellence.

Le **lingot Ariégeois** est un haricot long et blanc cultivé sur les terres graveleuses et fines de la Vallée de l'Ariège.

Le **lingot du Nord** est un haricot sec traditionnellement produit dans la Vallée de la Lys.

Le **Coco de Paimpol** : le premier haricot français à avoir obtenu son A.O.C. en 1998 ; il est produit en Bretagne dans le Trégor.

Le **haricot de Castelnaudary** : haricot blanc de type lingot.

Parmi les haricots à écosser, on trouve également :

EN HAUT
Haricots Albenghini (Italie).

EN BAS
Haricots de Lima.

Borlotti et cannellini (haricots italiens).

Plants de haricots d'Espagne (*P. coccineus*) en pleine floraison : une croissance luxuriante !

Le **Borlotto** et le **cannellino**, qui règnent en maîtres en Italie.
Le **coco rouge de Prague**, à la gousse verte et aux grains rose saumon.
Le **Bingo** : cosse de 25 cm, grains de 25 mm, tous deux blancs bariolés de magenta ou noir.
Le **haricot blanc d'Espagne**.
L'**Albenghino**, en Italie.
Le **haricot de Lima** : gros haricot blanc,

présent dans les recettes des Andes.
Le **Michelet**.
Le **Soisson vert** : flageolet vert à rames.
L'**Alaric** : haricot Tarbais aux grains blancs cendrés.

Caractéristiques botaniques du haricot mange-tout

Le Catalogue officiel des espèces et variétés de plantes cultivées en France ne fait pas de distinction entre le mange-tout et le haricot à écosser, car toutes les variétés appartiennent en fait à la même espèce : le *Phaseolus vulgaris*.

En effet, tous les haricots ont **trois utilisations possibles** : on peut consommer **les haricots à écosser frais ou secs et les haricots à filets (mange-tout)**.

Tous les jardiniers, même les moins expérimentés, savent distinguer les variétés en vente dans le commerce, ils n'achèteront pas des semences de mange-tout pour manger les grains et vice-versa ils n'achèteront pas de lingot pour manger des haricots à filets.

Alors que nous avons longuement évoqué les haricots à écosser, arrêtons-nous à présent sur les caractéristiques du haricot mange-tout, le légume le plus demandé et le plus apprécié par tous les consommateurs. Ce qui le distingue avant tout, c'est sa gousse de couleur jaune ou verte (et parfois violette), sa forme généralement allongée, cylindrique ou plate, sa consistance tendre dépourvue de toute matière fibreuse, excepté le « fil » qui traverse les points

En ce qui concerne les haricots verts, le consommateur préfère les extra-fins, dont on distingue à peine les grains : ce n'est pas le cas du haricot violet, dont on voit sans peine les grains, même chez les jeunes pousses.

Haricot kilomètre.

de suture entre les deux valves de la gousse.
Un travail important a d'ailleurs été effectué sur le plan génétique pour créer des variétés de haricots totalement ou en partie dépourvues de cet appendice gênant et que l'on observe surtout après la cuisson du légume. L'autre orientation prise par les chercheurs est la création de variétés nouvelles, qui se distinguent les unes des autres en fonction de leur destination alimentaire et surtout en fonction de leur mode de culture. En effet, cultivés dans les champs les haricots mûrissent plus vite et de manière plus uniforme, ils sont plus résistants aux maladies, ils peuvent être récoltés par des machines, ils sont très productifs et résistent aux désherbants. Parmi toutes ces qualités, certaines peuvent intéresser le jardinier amateur, d'autres en revanche ne présentent guère d'intérêt : peu importe par exemple que les plantes mûrissent en même temps, car d'une part ces plantes refleurissent et, d'autre part, le jardinier préfère différer les moments de la cueillette pour obtenir une production plus étalée dans le temps et disposer ainsi de produits sur une plus longue période de l'année.
La forme du haricot n'a guère d'importance non plus dans un potager ; en revanche la forme, la couleur et la longueur du produit sont des critères particulièrement importants voire déterminants pour le conditionnement, la surgélation et tous les processus de transformation industrielle. Lorsque la gousse est jeune et verte vient le temps de la récolte : il est utile pour les industriels, pour des raisons économiques évidentes, de pouvoir compter sur des variétés qui arrivent à maturité en même temps et qui occupent le sol le plus brièvement possible, dans ce cas ils privilégient les variétés qui ont un cycle de culture assez court (70-80 jours). Dans l'idéal, le haricot mange-tout doit afficher les qualités suivantes : une gousse longue (11-12 cm), sans fil, une couleur unie (verte ou jaune), sans tâches, une forme cylindrique ou légèrement pointue chez

DOUBLE PAGE SUIVANTE.
À GAUCHE
Mange-tout beurre.

À DROITE
Mange-tout verts.

certaines variétés ou encore plate et large chez d'autres. Pour les champs, on préfère cultiver les variétés naines, qui facilitent la récolte mécanique. Là encore, tout est une question de modération : la plante doit être suffisamment haute pour empêcher la partie terminale du légume de toucher le sol et, par conséquent, de subir des altérations. La distribution des grappes de fleurs est donc localisée dans la partie supérieure de la plante, de sorte que le fruit mûr reste comme suspendu en l'air, à une certaine distance du sol (à au moins 10-15 cm). La floraison et, par conséquent, l'arrivée à maturité des fruits, doit être la plus uniforme possible, car la récolte mécanique effectue une coupe nette et définitive de toute la plante à son pied : tout se fait donc en un seul passage de la machine. Les variétés à rames conviennent plus aux potagers, principalement pour leur rendement élevé mais aussi parce qu'elles autorisent des temps de culture et de production plus longs. Dans un potager, on cultive indifféremment des

haricots de forme cylindrique, plate, large et charnue, que l'on appelle communément « haricots beurre » ou encore « mange-tout ».

On distingue les variétés de mange-tout vendues dans le commerce en fonction de la couleur de leur gousse (généralement verte ou jaune, plus rarement violette) ou, pour les plus expérimentés, de la couleur de leur semis (noir, blanc ou gris). Comme pour les haricots à écosser, les meilleures variétés de mange-tout sont soit à rames soit nains.

VARIÉTÉS DE HARICOTS MANGE-TOUT

Haricots verts à rames	Haricots verts nains	Haricots beurre à rames	Haricots beurre nains
Bobis blanc et noir, de forme cylindrique	Top crop	Merveille de Venise, gousses larges et plates, grains blancs ou noirs	Minidor Maxinel
Princesse : gousse verte précoce, grains blancs	La Victoire	Neckargold, longues cosses charnues, rondes et jaune intense, sans fil	
Saxa, de forme cylindrique	Metis et Supermetis	Goldmarie : gousses très plates et très charnues	Pencil pod
Blue Lake, de forme cylindrique	Contender	Marengo : gousses larges et plates, sans fil	Brittle Wax
Contender, de forme cylindrique	Allure	Nadal : cosses très larges et très longues, goûteuses et charnues	De Rocquencourt
Fortex	Primel		Rocdor
Haricot kilomètre, aux grains noirs et à la gousse très longue	Prélude		
Haricot kilomètre (*Vigna sesquipedalis*), aux grains marron et à la gousse très longue	Bobis		
Supermarconi à la forme plate	Sonore		
Calvy, à la gousse longue fine et droite	Roi des Beurres		
Beurre saint-fiacre : cosse très longue, ronde et charnue	Fin de Bagnols		
Beurre cascade	Bakker		
Esmeralda	Vilmorin		
	Anellino di Trento		

Haricots mange-tout
de formes et de couleurs
différentes.

Haricot kilomètre (*Vigna sesquipedalis*)

À GAUCHE
Haricot blanc plat, Merveille de Venise.

À DROITE
Fruits de la variété Trionfo violetto.

Chaque année, de nouvelles variétés sont introduites sur notre marché en provenance de l'étranger, sans qu'elles aient subi le moindre test d'adaptation à nos climats ; dans ce cas, et en l'absence de recommandations de la part du fabriquant, il vaut mieux s'orienter sur des variétés peut-être moins rentables, mais qui ont déjà fait leur preuve sous nos climats. Par exemple, dans les régions montagneuses, on préfère encore aujourd'hui planter des variétés (généralement à rames) à cosse violette, dont les gousses prennent une belle couleur vert brillant après leur cuisson.

Caractéristiques botaniques des pois

Le *Pisum sativum* est la seule et unique espèce de pois de jardin. Cette plante herbacée annuelle présente un port

EN HAUT
Barquette de pois.

EN BAS
Les différentes étapes de la pousse des graines de pois.

« buissonnant », car sa tige, herbacée, fine et volubile développe plusieurs stipules plus ou moins importantes au niveau des nœuds ainsi qu'une masse foliaire luxuriante. Le système radiculaire est pivotant, même si la plante produit de nombreuses racines superficielles situées en dessous de la première strate de terre.

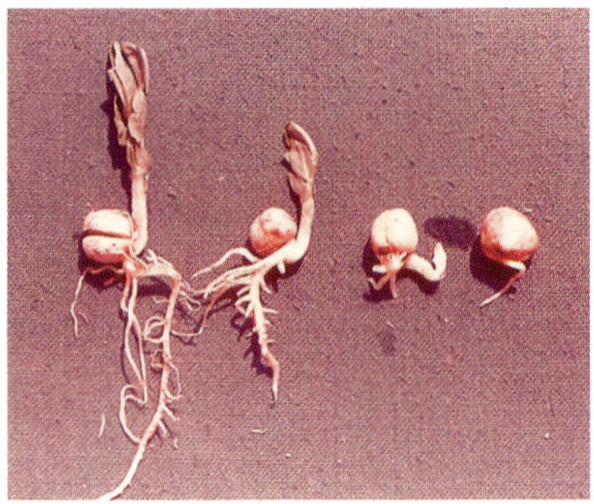

La tige est vert clair (parfois elle tourne au bleu), fistuleuse et glabre ; elle peut atteindre 2 mètres de hauteur chez les variétés à rames. On trouve également sur le marché de nombreuses variétés aux dimensions plus modestes : les « pois mi-rames », qui ne dépassent pas 1 mètre de hauteur et enfin les variétés naines, qui se distinguent par des entre-nœuds extrêmement courts et un port buissonnant. La tige présente une ramification plus ou moins développée en fonction de l'évolution climatique des saisons. Les feuilles se composent de deux ou plusieurs paires de folioles ovales et opposées ; elles se transforment à leur extrémité en cirres ou vrilles, qui permettent à la plante de se fixer aux rames. Ce qui distingue les feuilles, c'est la présence à leur base de stipules, ces appendices foliaires qui embrassent toute la surface de la tige et sont plus ou moins visibles. Les **stipules** sont souvent de taille très importante, au point de les confondre avec les véritables feuilles ; leur rôle consiste généralement à protéger les bourgeons des intempéries. Des tâches blanchâtres en forme de cercle peuvent apparaître à la base des feuilles ou des stipules. Les fleurs sont pédonculées et sortent au niveau de l'aisselle des feuilles ; la plupart du temps elles sont simples ou doubles, mais parfois elles se rassemblent pour former quelques grappes isolées. La fleur de pois est spécifiquement de couleur blanche. Les premières feuilles basales ne portent pour ainsi dire jamais de fleurs ; ces dernières apparaissent généralement au-dessus du 7e ou 8e nœud. Chez les variétés à rames, la tige se termine par une inflorescence. La floraison

L'ouverture de la gousse.

À GAUCHE
Les feuilles composant la base de la plante de pois présentent de volumineuses stipules.

À DROITE
Les feuilles, composées de 4 à 6 folioles, se terminent par des cirres ou des vrilles, très utiles pour se fixer au tuteur.

PAGE DE DROITE
Les différents organes de la plante de pois : observez les fleurs au sommet des tiges et les graines alternes à l'intérieur des gousses.

peut être concentrée sur une période (variétés naines) ou étalée. Le fruit est un légume (cosse) d'un beau vert brillant; sa forme, sa taille et le nombre de grains (partie comestible du pois) qu'il contient varient en fonction des variétés. Les grains se trouvent à l'intérieur des deux valves et sont disposés de manière alterne. On observe parfois à l'intérieur de la gousse une membrane transparente, le « parchemin », qui sépare les grains les uns des autres et détermine la destination finale du fruit: soit il sera « **pois à écosser** » soit il sera « **pois mange-tout** ». Chez le pois à écosser, on doit ouvrir la gousse pour récupérer les pois; une espèce de parchemin très fin couvre l'intérieur de la cosse qui la rend

impossible à cuire et à manger en entier. À l'inverse, les pois mange-tout, comme leur nom l'indique, se mangent en entier. On récolte les fruits des pois mange-tout lorsque les grains commencent à grossir, tandis que les valves et la membrane sont encore tendres et charnues. Le grain du « pois à écosser » est rond, d'un vert très clair, qui tourne parfois au jaune voire au blanc. En séchant, le grain peut rester lisse ou devenir ridé, ce qui entraîne une composition chimique différente du pois :

VARIÉTÉS DE POIS

Pois nains	Pois mi-rames	Pois à rames	Pois mange-tout ou pois gourmands
Le Petit Provençal	Senateur	Telephone	Corne de bélier
Merveille de Kelvedon	Express généreux	Express à longue cosse	Carouby de Maussane
Douce de Provence	Lincoln	Serpette guilloteaux	Mange-tout normand
Progress n° 9	Rondo	Roi des conserves	
Serpette cent	Onward		
Téléphone nain	Prince Albert		
Plein le panier	Superbe de Laxton		
Le hâtif d'Annonay			

les pois lisses sont plus riches en amidon, les pois ridés, plus « sucrés », contiennent un taux élevé de dextrose (autre nom du glucose). Le pois accomplit son cycle de vie en 80-100 jours ; la récolte peut être étalée, en particulier chez les variétés à rames et mi-rames. Un pois sec pèse environ 5 grammes ; comparé au pois frais, il est plus riche en protéines et en calories.

LA CULTURE DES HARICOTS

Les haricots à écosser et les haricots mange-tout sont des espèces mégathermes, elles ont donc besoin de températures plutôt élevées pour se développer.

Les périodes de semis, les techniques, les périodes de récolte, les exigences en matière de climat et de nutrition, mais également les préférences en matière de substrat des haricots à écosser et des mange-tout d'une part et des pois d'autre part sont si différents qu'il est indispensable de traiter les deux sujets de manière séparée. On obtiendra ainsi une vision plus précise et plus détaillée, qui permettra au lecteur d'éviter de se tromper de variétés et dans la manière de les cultiver ; ces erreurs sont souvent source d'échecs et de déceptions pour le jardinier qui cultive lui-même ses produits pour les consommer en famille.

Le climat

Les exigences climatiques des haricots à écosser et des mange-tout nous incitent à les classer parmi les **espèces mégathermes**, autrement dit les plantes typiques des régions chaudes, qui nécessitent des températures bien déterminées tout au long de leur croissance. Pendant tout son cycle de développement, la

plante craint les basses températures, en particulier les variations trop brutales, les gelées et les chutes de neige persistantes. À 2-3 °C, tout le feuillage subit des dommages irréparables, qui se traduisent souvent par la mort de la plante.

La sensibilité au froid est d'autant plus forte pendant l'allongement de la tige et pendant la floraison; pendant ces périodes, une baisse même relative des températures suffit à provoquer l'avortement des fleurs ou la dégénérescence des jeunes gousses.

À 25-30 °C, le processus de germination de la graine est très rapide et les jeunes plants peuvent lever 4 à 5 jours seulement après le semis. À l'inverse, si les températures avoisinent les 10-12 °C, les plants peuvent retarder leur levée, parfois pendant trois semaines, au terme duquel le jardinier commence à envisager de procéder à un nouveau semis.

Pendant la croissance, les températures idéales doivent d'une part être constantes et d'autre part avoisiner les 15-18 °C la nuit, et 24-25 °C le jour.

En dessous des 10-12 °C, les variétés naines s'arrêtent de pousser; les variétés à rames, qui sont encore plus sensibles, interrompent leur croissance autour de 15-16 °C. Des températures trop fortes peuvent également endommager la production: au-dessus de 35 °C, les plantes seront considérablement moins productives.

En outre, si l'ensoleillement est trop fort et persistant, il arrive que la plante se dessèche complètement, et ce même si vous arrosez constamment. Les haricots à écosser et les mange-tout sont quoi qu'il en soit des produits de saison tardive, car ils ont non seulement besoin de températures chaudes mais également d'une lumière intense. Comme c'est souvent le cas, les exigences climatiques varient, même de manière significative, en fonction des variétés considérées: par exemple les variétés naines sont facilement **brévidiurnes** (elles commencent leur floraison lorsque les jours raccourcissent), alors que les cultivars à rames sont généralement **longidiurnes**. En toute logique, les brévidiurnes figurent parmi les variétés précoces: elles sont plus faciles à cultiver sous abri, sur des balcons et des terrasses ensoleillés et protégés. Entre le semis et la récolte, il faut attendre de 50 à 70 jours pour le mange-tout et de 130 à 150 jours pour le haricot à écosser.

D'autres aspects climatiques peuvent entraver le développement de la plante et sa productivité, tels que les vents secs et persistants, la neige et les pluies prolongées, en particulier pendant la floraison (mais cela vaut pour toutes les plantes potagères).

Le sol

Les terres riches en carbonate de calcium (terres calcaires) ou en chlorure de sodium (terres alcalines et salines) donnent de bien maigres rendements. Les terres argileuses et compactes sont tout aussi déconseillées pour la culture des haricots, car le phénomène de stagnation de l'eau asphyxie l'appareil racinaire et rend la terre particulièrement froide.

Les eaux stagnantes sur les sols argileux provoquent de graves dommages sur les jeunes plants de haricots.

De même, une terre trop maigre et trop sèche peut faire chuter le rendement. On obtient les meilleurs résultats en terme de qualité et de quantité sur des terres de qualité moyenne, fraîches et irriguées, bien travaillées et bien fumées. Le pH doit être neutre, avec des valeurs comprises entre 6,5 et 7. Les variétés les moins exigeantes en matière de substrat sont certainement les variétés naines de haricots à écosser. Dans la culture des haricots comestibles, une bonne rotation (au moins triennale) est le facteur le plus important pour obtenir un bon rendement, autrement dit vous ne devez pas replanter des haricots sur une même parcelle avant d'avoir laissé passer un laps de temps d'au moins trois ou quatre ans. Si la parcelle a été correctement fumée, les haricots laisseront un substrat d'excellente qualité, que ce soit du point de vue de sa structure ou de sa

Pendant la floraison et la formation des gousses, il ne faut jamais oublier d'arroser abondamment les plants.

fertilité, grâce à la présence de microorganismes fixateurs d'azote. On recommande donc de cultiver après des légumineuses des produits plus exigeants (pommes de terre, tomates, choux), qui pourront tirer profit et exploiter les conditions optimales du substrat laissées par la culture des légumineuses.

Les besoins en eau

Dans la mesure où il s'agit de plantes exclusivement estivales, autant dire qu'elles nécessitent, pendant tout leur cycle de production, un apport en eau constant et suffisant pour accompagner les gousses jusqu'à leur complète maturation.
En réalité, on peut même dire que les haricots sont extrêmement exigeants en eau. Il faut toujours arroser la terre et jamais les feuilles des plantes, car cette espèce est très sensible aux moisissures et à la pourriture, l'eau étant leur endroit de prédilection pour surgir et pour proliférer. De même, une atmosphère trop humide et des pluies incessantes, en particulier dans les jours qui précèdent

la récolte, donnent des haricots de moins bonne qualité et des grains d'une couleur moins belle ; elles favorisent en outre l'apparition de pathologies, qui peuvent compromettre sérieusement la récolte, et ce tant sur le plan qualitatif que quantitatif. Au moment de la floraison et au tout début de la formation des gousses, il faut constamment arroser les plantes. Une terre sèche, des vents chauds et secs favorisent la présence de gousses vides ou partiellement pleines.

L'engrais

Les plantes sont particulièrement exigeantes en ce qui concerne la fertilité de la terre, à savoir sa teneur en azote, phosphore et potassium (N, P, K) et sa teneur en certains micro-éléments, tels que le magnésium, le molybdène, le manganèse et le zinc. Ces micro-éléments n'ont pas besoin d'être présents en grande quantité, vous pouvez les incorporer dans la terre à travers une **fumure organique** (apport en compost et en fumier). N'oubliez pas que le

PAGE DE DROITE
Un bon apport en azote garantit aux plants de haricots une végétation luxuriante.

Phaseolus ne supporte pas un apport trop important en fumier, **il ne faut jamais intégrer du fumier au moment de semer**. Vous avez en fait intérêt à fumer abondamment la terre lors de la culture précédente, car le système radiculaire des haricots se trouvera en contact avec du fumier bien mûr et dans une phase d'humidification déjà avancée. La présence de fumier dont le processus de décomposition est inachevé pose en effet des problèmes pour la germination des graines et pour l'émergence de la plantule. Bien que l'azote soit indispensable dans les premières phases de développement de la plante, cette dernière peut compenser une éventuelle carence à travers un « mécanisme » très particulier qui est propre aux légumineuses. Certaines bactéries fixatrices d'azote s'installent en effet sur les racines des plantes de cette famille (haricot à écosser, mange-tout et pois compris) ; elles appartiennent au genre *Rhizobium* et sont hautement spécifiques. Soit elles sont déjà présentes dans la terre soit elles sont introduites au moment du semis (pour l'heure c'est uniquement le cas du soja), puis elles se fixent sur les racines des légumineuses et les obligent à former de petites protubérances, comme des petites tumeurs, appelées tubercules radicaux, au sein desquelles elles trouvent l'endroit idéal pour s'installer ; elles entament alors une relation de type symbiotique avec les plantes qui les accueillent. Les légumineuses leur fournissent tout ce dont elles ont besoin pour leur subsistance et leur développement, en échange de quoi les bactéries garantissent un apport en azote aux plantes (ainsi que pour les cultures suivantes, car ces bactéries « nourrissent » la terre et la rendent plus riche).

Les *Rhizobium* prélèvent l'azote dans l'air circulant entre les particules de terre (macropores). Elles sont dans la pratique capables d'utiliser l'azote atmosphérique, qui, rappelons-le, est largement présente dans l'air que nous respirons (qui contient 70 % d'azote). Ce phénomène « d'échange mutuel » garantit donc aux plantes un

Il est indispensable de bien préparer la terre avant de semer pour obtenir des plantes vigoureuses et en bonne santé.

apport en azote pendant les phases essentielles de leur croissance.

Le *Phaseolus* a des besoins plus importants en phosphore qu'en potassium, car le phosphore est l'élément qui favorise, entre autres, la maturation des graines, autrement dit ce pour quoi nous cultivons ces plantes. Dans la mesure où le cycle végétatif est court, en particulier chez les variétés naines, il est difficile de déceler des carences en phosphore ; à l'inverse, chez les variétés à rames, une difficulté à lever, la formation de bordures jaunes puis un assèchement progressif des marges foliaires sont les symptômes d'une carence en potassium.

Parmi les micro-éléments les plus importants recensés précédemment, une carence en magnésium et en manganèse présentent des symptômes très proches les uns des autres : les nervures sur les feuilles conservent une couleur verte, alors que les espaces entre les nervures deviennent plus ternes. Dans le cas d'une carence en manganèse, la feuille entière se met à jaunir et des

taches brunes se forment parallèlement aux nervures. Dans le cas d'une carence en magnésium, les nervures conservent leur couleur verte. Les feuilles basales, autrement dit les plus anciennes, sont les plus atteintes par ces dégénérescences ; cela est dû au fait que la carence est provoquée par des éléments qui se déplacent très lentement à l'intérieur des voies lymphatiques.

La préparation de la terre

Dans le système de rotation, on peut planter des légumineuses au printemps après des salades, des épinards et des radis ou en été après des pommes de terre précoces. Ces indications valent essentiellement pour les formes à rames ; pour les variétés naines, généralement moins productives et plus précoces, on peut les planter après tous les types de culture. Qu'il s'agisse du haricot à écosser ou du mange-tout, il est préférable de ne jamais les planter après d'autres légumineuses, comme le pois ou les fèves, mais il ne s'agit là que d'une recommandation et si vous deviez effectuer ce type de rotation, ce ne serait pas si grave.

Si vous voulez optimiser vos rendements, vous devez impérativement bien préparer le sol avant de passer aux semis. Si les conditions climatiques le permettent et si vous, jardinier amateur, parvenez à vous libérer un peu de temps, vous devez préparer la terre dès l'automne précédent: enfouissez une bonne quantité de fumier (ne dépassez jamais les 2-3 kg/m²), il aura ainsi largement le temps, pendant tout l'hiver et le début du printemps, de se décomposer et d'être fin prêt au moment de semer vos légumineuses. Il s'agit là du calendrier idéal, en particulier si vous travaillez une terre particulièrement compacte: elle profitera en effet du gel et du dégel hivernal pour se désagréger et s'ameublir. Si vous n'avez pas de fumier ou d'engrais organique, vous devez impérativement bêcher énergiquement la terre jusqu'à 30-40 cm de profondeur. Vous pouvez effectuer cette opération agronomique même quelques jours avant de semer, sans intégrer de fumier, de compost ou toute autre matière organique. En revanche et plus particulièrement si votre terre est pauvre, vous devez procéder aussitôt après le labour à un apport de fond en engrais: utilisez des **engrais minéraux ternaires**, comptez pour cela 40 à 50 g/m². Vous enterrerez ces engrais au cours des opérations d'affinage et de nivellement de la surface du sol (binage, ratissage). Si après avoir bêché la terre, vous vous retrouvez avec des mottes de taille considérable, vous devez les briser et les affiner à l'aide d'une binette à grande lame. Pendant la préparation de ce « lit de semence », pensez à pré-installer sur les berges les structures (tuyaux) dont vous aurez besoin pour effectuer d'éventuelles irrigations et pour faciliter l'évacuation d'un surplus d'eau de pluie. Pensez enfin, au printemps, à protéger les berges des mauvaises herbes.

Le semis

On sème normalement les haricots (à écosser et mange-tout) dans le jardin à partir du mois de mars (lorsque la température se stabilise au-dessus de 10-12 °C de jour comme de nuit) ou dans les 10 premiers jours d'avril dans les régions au climat plus frais. On peut ensuite semer, de manière étalée et peut-être en choisissant des variétés différentes, pendant tout le printemps et l'été, jusqu'à fin juillet. La floraison des aubépines est un repère pour les semis, car les gelées ne sont plus à craindre. On sème généralement les haricots blancs d'Espagne en dernier, car ils sont mûrs fin octobre, voire début novembre dans les régions septentrionales.

On peut prolonger la période des semis jusqu'à mi-août, mais uniquement pour les haricots mange-tout, qui, on le sait, ont un cycle plus court et ne risquent donc pas de se faire piéger par d'éventuelles gelées automnales.

Dans le cas des cultures en plein champs pour une production industrielle des mange-tout, les périodes de semis sont bien définies : au printemps, entre le printemps et l'été et en été. La première

En haut
Cette plantation de haricot comporte une rame par poquet.

En bas
Haricot nain semé en lignes et en poquets : les écarts entre chaque semis peuvent être importants.

période correspond au mois de mai, la seconde en juin et la troisième pendant les quinze premiers jours de juillet, en prévision d'une récolte en septembre. Qu'il s'agisse d'une culture en champs ou dans un jardin, on **sème généralement en lignes**; cette pratique vaut particulièrement pour les variétés naines. On recommande d'orienter les lignes dans un axe est-ouest, pour profiter d'un ensoleillement constant. On peut également semer en lignes les variétés à rames, mais normalement on préfère **semer « en poquets »** : cette technique consiste à déposer 4 ou 5 grains dans un petit trou. L'intérêt de cette méthode est qu'elle permet d'utiliser un seul tuteur pour soutenir toutes les plantes qui vont sortir du même trou. On détermine la profondeur du semis et les distances entre les lignes ou les trous en fonction de la taille des grains, du développement futur des plantes et de la nature du sol. En ce sens, les valeurs conseillées en terme de profondeur du semis varient de 4-5 cm pour les terres compactes et atteignent jusqu'à 8-10 cm pour les gros grains semés dans des terres fines. Les distances entre les lignes sont comprises entre 40 et 60 cm pour les variétés naines et entre 90 et 120 cm pour les variétés à rames. En ce qui concerne les mange-tout, on peut réduire ces distances à 35-50 cm pour les variétés naines et 80-100 cm pour les variétés à rames. Concluons cette série de données pour les semis en poquets, sachant que les valeurs indiquées valent pour les haricots à écosser comme pour les mange-tout: il suffit de prévoir 12 à 15 cm entre chaque trou pour les variétés naines et 40 à 50 cm pour les variétés à rames. Une fois que les grains de haricots sont enterrés, ces derniers doivent faire face à de nombreux problèmes, des parasites notamment, et ce avant même d'avoir germé: ils peuvent en effet être mangés par des insectes ou des souris, être endommagés par un excès d'humidité ou subir les attaques de champignons. Pour toutes ces raisons, les grains de haricots sont vendus prétraités, autrement dit recouverts

EN HAUT
Semis de haricots en poquets.

EN BAS
Semis en lignes. L'espace entre chaque ligne est recouvert de film polyéthylène noir pour empêcher le développement des mauvaises herbes. On note environ 1 mètre d'écart entre chaque ligne.

de pesticides (ce traitement est à l'origine de la couleur lilas que l'on retrouve souvent sur les semences de haricots).

Pour favoriser et anticiper la levée des jeunes plants, et réduire ainsi le temps d'occupation du terrain et par conséquent les risques d'attaque des parasites, on peut plonger les semences non traitées dans une eau tiède (pendant environ 24 heures) avant de les semer. On obtient le même résultat en les enveloppant dans un linge humide pendant la même durée. Ces méthodes permettent d'assouplir le tégument (la peau) et favorisent une germination rapide : en toute logique il faudra dans ce cas faire preuve de beaucoup de précautions au moment de mettre le grain en terre pour ne pas abîmer l'embryon.

Si vous souhaitez cultiver ces légumes sur votre balcon ou votre terrasse, optez plutôt pour les variétés naines, en particulier pour les mange-tout. On utilise généralement des bacs longs et étroits, pour pouvoir les semer en lignes ou en poquets. Ce type de culture est généralement un succès garanti, et ce sans entretien particulier. Dans certaines jardineries, on vend depuis quelques années des petits pots, contenant 3 ou 4 plants de haricots, qui ont déjà leurs premières feuilles. Si vous optez pour cette solution, vous devez les transplanter avec beaucoup de précautions : laissez tremper le pot pendant au moins une journée puis retirez le pain de terre compacte que vous enterrez ensuite dans le petit trou prévu à cet effet. Pour l'instant, ces plantes en début de croissance sont encore chères à l'achat, c'est pourquoi on recommande d'acheter plutôt des plants pour le jardin. Elles conviennent en revanche à ceux qui souhaitent jardiner à la maison, sur leur balcon ou sur leur terrasse, pour obtenir un produit largement en avance sur la saison.

Parmi les variétés de haricots à rames, certaines ont des feuilles d'un beau vert, très décoratif, et des grandes fleurs très brillantes : vous pouvez les installer sur votre terrasse ou dans des jardinières

Haricot semé en poquets : on peut planter la rame au moment de semer.

que vous fixez sur des supports ou des grilles, ainsi ces plantes serviront de séparation ; vous pouvez enfin les faire retomber sur un kiosque, noyées parmi d'autres plantes à rames ornementales.

L'entretien

Environ dix jours après la levée des plants, il convient d'entamer quelques actes d'entretien et de procéder plus précisément au **sarclage** et au **buttage**. L'objectif de ces interventions est, d'une part, de briser la croûte de terre entre les rangées pour limiter la dispersion de l'eau du sol dans l'atmosphère et, d'autre part, de débarrasser les jeunes plants des mauvaises herbes, dont l'apparition a été favorisée et stimulée par les premières chaleurs de la saison. L'idéal est de les éliminer avant qu'elles n'aient eu le temps de se reproduire. L'intérêt du buttage (action qui consiste à ramener la terre et à former une petite butte autour du pied d'une plante afin de favoriser la venue de nouvelles racines et de consolider la plante contre le vent) est de créer un sillon entre les rangées qui permet une éventuelle irrigation par infiltration latérale.

Vous devez renouveler toutes ces interventions au moins vingt jours plus tard ; quant au sarclage, vous devez le faire chaque fois que le besoin s'en fait ressentir : essayez toujours d'intervenir avant que les mauvaises herbes ne se mettent à grainer. Une fois que les variétés à rames ont atteint environ 30 cm de hauteur, il est temps d'installer la rame. La forme de la charpente dépend du semis que vous avez pratiqué : s'il s'agit d'un semis en lignes, vous pouvez installer des tiges de bois ou de roseau (qui font généralement environ 2 mètres de hauteur), à intervalles réguliers, sur lesquelles vous tendez des fils, de manière horizontale, pour constituer des « espaliers ». Dans les petits potagers, on remplace généralement les fils latéraux par des filets en plastique, que l'on tend soigneusement et que l'on fixe à des piquets en bois situés à chaque extrémité de la rangée ; si les rangs sont particulièrement longs, il est conseillé d'installer des piquets intermédiaires. En ce qui concerne les semis en poquets, placez une rame par trou : cette rame soutiendra toutes les plantes qui vont lever du même trou. Les rames sont ensuite inclinées vers la ligne d'à côté et reliées entre elles, par 2 ou par 4, par leur extrémité (technique du V renversé ou en forme de tour).

Si vous souhaitez assurer la stabilité de l'ensemble, vous pouvez disposer des tiges transversales, sorte de « poutre faîtière », au sommet de la structure. Cette technique convient tout particulièrement aux variétés à rames, qui possèdent une grande masse foliaire et qui atteignent des hauteurs considérables. En ce qui concerne les semis en lignes, on préfère généralement utiliser un filet plastifié à mailles larges, que l'on maintient bien tendu entre les tuteurs ; on le fixe ensuite à sa base en l'enterrant

Sarclage, buttage et formation d'un canal d'irrigation.

Rames en forme de tour.

légèrement pour éviter que les plantes ne le soulèvent en grandissant.

En ce qui concerne l'irrigation, on intervient de 3 à 10 fois dans un cycle de culture : en règle générale, on arrose lorsque la terre semble sèche et que les feuilles des plantes commencent à pâlir. L'idéal serait d'arroser le soir et d'utiliser une eau non froide; arrosez uniquement le pied de la plante, de sorte que toute la zone d'activité des racines soit imbibée de manière uniforme. Vous pouvez arroser les haricots nains par aspersion, mais comme nous l'avons indiqué précédemment, faites-le le soir ou du moins sans le contact direct du soleil, pour éviter de brûler les feuilles, les fleurs et les jeunes gousses (les gouttes d'eau font loupe sur le feuillage). Vous arroserez pour la première fois lorsque toutes les plantes seront levées; si vous arrosez trop tôt, vous risquez de rendre la terre trop compacte et donc d'empêcher la levée des dernières graines. Ensuite, vous pourrez espacer vos interventions et procéder à un arrosage tous les

10-15 jours, tout dépend naturellement de la nature de votre terre et de l'évolution du climat.

La plante profite d'une bonne disponibilité en eau, en particulier au moment de sa floraison et de la croissance de ses gousses. Un bon arrosage favorise un meilleur rendement et donne des grains plus riches en substances nutritives; il permet également (en particulier dans les cultures de type industriel) de retarder de quelques jours le moment de récolter. Si vous cultivez des plantes dans des bacs, sur des balcons ou des terrasses, sachez qu'elles ont besoin d'être arrosées plus souvent.

Au fond, l'arrosage est la seule et unique intervention successive à la montée des graines qui nécessite un investissement, si ce n'est quotidien, du moins d'un jour sur deux, en tenant compte de la chaleur et de la réverbération du soleil accentuée par le carrelage que l'on retrouve presque toujours dans ce genre d'endroit. La récolte dépend de la destination finale du produit: pour les mange-tout, on cueille les haricots au moins deux fois par semaine, si possible lorsque les plantes sont sèches (le matin, après l'évaporation de la rosée ou encore le soir). Cette cueillette progressive commence généralement 50 à 55 jours après le semis; l'objectif est de récolter des haricots tendres et sans fil. Une cueillette effectuée de manière constante et répétée stimule les jeunes gousses, qui n'ont pas

Haricot à écosser, variété borlotto nain. Les gousses changent de couleur au fur et à mesure qu'elles mûrissent.

Page de gauche
La tige des haricots à rames a des entre-nœuds longs et s'enroule autour de la rame par la gauche.

fini de se développer. Dans les potagers, la récolte se fait exclusivement à la main: on utilise ses deux mains, l'une pour tenir fermement la plante et l'autre pour cueillir la gousse. On évite ainsi d'arracher la plante, ce qui provoquerait une perte de rendement.

Vous pouvez conserver les haricots chez vous, dans votre réfrigérateur, à une température d'environ 4 °C, mais pas au-delà de 10 à 15 jours. Passé ce délai, les haricots subissent des altérations dans leur composition en sucres et en protéines et ils perdent une partie de leurs propriétés organoleptiques.

En ce qui concerne la culture en champs, la récolte des variétés à production unique et uniforme se fait à l'aide de machines autotractées qui sont dotées d'un large peigne servant à soulever et à détacher les gousses; des ventilateurs éjectent les feuilles et les tiges, puis les gousses de haricots verts sont triées dans une trémie. Elles sont ensuite acheminées dans les fabriques de conservation, où il faut les conditionner en l'espace de quelques heures avant qu'elles ne se réchauffent, flétrissent ou perdent leur couleur. Pour savoir à quel moment on doit récolter les haricots à écosser, il suffit d'observer la gousse : si elle est élastique et si elle change de couleur et tourne au jaune, le moment est venu de les cueillir. Les grains doivent avoir atteint le seuil maximal de leur taille, selon leur variété, tout en étant encore tendres. En règle générale, il faut attendre environ 35 jours après la fécondation pour que les grains atteignent leur taille maximale. Dans le cas des variétés à écosser à rames, on considère que le rendement est bon lorsqu'il atteint 2 à 3 kg de fruits au mètre carré. Les variétés naines sont moins productives, elles rendent généralement 1 à 2 kg de fruits au mètre carré. La production est étalée, c'est pourquoi la récolte se fait chaque semaine (dans les potagers). On peut conserver les gousses fraîches au réfrigérateur, mais pas plus de 15 à 20 jours.

En ce qui concerne les haricots secs, on ramasse la plante entière, lorsqu'elle a perdu 2/3 de ses feuilles ; on laisse ensuite sécher à l'air libre, mais toujours à l'ombre. Si vous souhaitez récupérer des grains pour les replanter ensuite, choisissez les meilleures gousses, que vous prendrez soin de prélever sur des plants sains ; attendez pour cela qu'elles soient bien mûres et laissez sécher à l'ombre. Écossez les haricots pour récupérer les grains une fois que les valves se sont ouvertes toute seules, naturellement. Profitez de cette opération pour éliminer les grains rabougris, ternes ou qui présentent visiblement un défaut.

Arrivé à maturité, le borlotto s'ouvre en deux valves en suivant les points de suture.

PAGE DE GAUCHE
Haricots à écosser borlotto : le moment de la cueillette approche.

LA CULTURE DES POIS

De bonnes conditions climatiques favorisent une fructification abondante.

Le climat

Le climat frais et tempéré est celui qui convient le mieux à la croissance, au développement et au rendement des pois. Cette espèce supporte bien le froid printanier, à condition qu'il n'atteigne pas des pics particulièrement intenses. Le grain parvient en effet à germer à des températures avoisinant les 4-5 °C ; à ces mêmes températures la plante réussit à pousser et à se développer assez normalement. On obtiendra cependant un meilleur rendement à des températures avoisinant les 12-18 °C. Au-delà de 25-28 °C, et *a fortiori* si ces températures persistent, les gousses mûrissent trop vite, un phénomène qui influe de manière négative sur les qualités organoleptiques des grains. On peut donc définir le pois comme **une plante typiquement printanière ou de fin d'automne**.

Parmi les nombreuses variétés, certaines sont particulièrement précoces et se montrent plus résistantes, ou mieux, moins sensibles au froid. De gros écarts de températures et des gelées peuvent quoi qu'il en soit endommager gravement le feuillage et les jeunes gousses (phénomènes de brûlure). Des pluies battantes et incessantes, en particulier pendant la floraison, favorisent non seulement le développement de maladies, mais influent négativement sur la quantité et la qualité du produit. À l'inverse, des pluies légères au moment de la floraison augmentent, et même considérablement, le phénomène de nouaison (fécondation de la fleur et formation du fruit qui la succède) ; elles permettent en définitive d'obtenir des rendements bien plus importants.

Le sol

Contrairement au haricot, le pois est une espèce plus rustique, qui s'adapte plutôt facilement à tous les types de sol, même si, en toute logique, on obtient de bien meilleurs rendements dans des terres saines, fraîches, fertiles, légères et profondes. Cette légumineuse a cependant ses seuils de tolérance : les terres

très riches en calcaire lui donnent de la chlorose et une apparence chétive ; elle n'apprécie pas non plus les terres gorgées d'eau, tout en ayant besoin d'un sol constamment humide. En ce qui concerne les terres argileuses, elles ont souvent pour inconvénient de retarder le moment de la récolte ; à l'inverse on récolte beaucoup plus tôt sur des terres particulièrement légères et caillouteuses.
Le pH idéal pour optimiser les rendements tourne autour de valeurs comprises entre 5,5 et 6,5 (terre neutre ou faiblement acide). Bien que le pois présente de bonne capacité d'adaptation, il faut toujours soigner la préparation de la terre, on facilite ainsi les toutes premières étapes de la croissance des plants. Dans la culture des pois, comme pour les haricots à écosser et les mange-tout, il convient de ne pas cultiver la même plante sur la même parcelle pendant au moins trois ans, on évite ainsi les maladies, qui, étant donné le cycle de culture très court, ont toujours des effets très compromettants.

Les besoins en eau

Si, au moment de semer, la terre présente un bon taux d'humidité, il est inutile d'administrer de l'eau aux plantes. Le bon taux d'humidité correspond à la « **capacité au champs** », qui est la capacité de rétention maximale en eau du champs : on ne doit pas observer d'eau ni à la surface du sol ni dans les macropores ; l'eau doit être présente et distribuée uniformément dans les micropores.

Concrètement, on peut déterminer si le sol possède un bon taux d'humidité en serrant une poignée de terre entre ses mains : ces dernières doivent rester humides, sans constater le moindre écoulement d'eau. En règle générale, des plantes saines cultivées dans des terres adaptées, selon les critères indiqués précédemment, ne nécessitent aucun arrosage particulier ; quant aux variétés précoces, qui fleurissent 50 à 60 jours après les semis et se récoltent environ 30 jours plus tard, elles n'ont aucunement besoin d'eau.

En ce qui concerne les variétés au cycle plus long, on peut éventuellement les arroser au moment de l'ouverture des premières fleurs : cela peut sembler superflu, mais l'arrosage permet d'obtenir des grains de plus gros calibre et de taille plus uniforme dans les gousses. Rappelons enfin que, particulièrement si la saison est pluvieuse et en plus des

Un apport irrégulier en eau au moment de la floraison peut expliquer le manque de grains dans la gousse.

PAGE DE GAUCHE
Même s'il est toujours préférable de bien préparer la terre avant une mise en culture, le pois est une espère rustique qui s'adapte bien à tous les types de terre.

Culture de pois « demi-rames » : un apport d'azote « en couverture » favorise un excellent développement foliaire.

inconvénients déjà cités précédemment, un arrosage excessif retarde la maturation des fruits et donc le moment de la récolte.

Les engrais

Le pois a des besoins nutritifs très limités, en particulier parce que cette espèce a un cycle de culture très court. À l'instar des haricots à écosser, il apprécie une fumure organique ancienne ; seules les cultures de type industriel ont recours aux engrais chimiques, c'est en revanche très rare dans les potagers. Les terres extrêmement pauvres peuvent nécessiter l'apport d'éléments connus pour stimuler la fertilité (azote, phosphore et potassium), mais il faut savoir qu'une chute importante du rendement est généralement due exclusivement à une carence en potassium.

La préparation de la terre

La préparation de la terre avant de semer les pois est extrêmement simple et les interventions plutôt superficielles,

ce qui ne signifie pas pour autant qu'elles doivent être négligées : la plante souffre en effet, en particulier au début de son développement, de la présence de petites mottes et autres particules grossières de terre qui peuvent entraver la levée des plantules.

En ce qui concerne les semis de printemps, un bêchage effectué l'automne précédent est très profitable aux cultures : il doit être pratiqué sur au moins 20 à 30 cm de profondeur ; grâce aux effets du dégel hivernal, il améliore considérablement la structure de la terre. Rien n'empêche cependant de bêcher la terre juste avant de procéder au semis.

On considère le pois comme une plante au cycle court, c'est pourquoi on l'intègre dans le système de rotation des cultures assez au hasard, un peu comme un joker ; il reste cependant que la culture qui lui succèdera (tomates, poivrons, aubergines ou toute sorte de cucurbitacées par exemple) tirera profit des effets bénéfiques de la culture des pois sur la terre. Dans les régions

septentrionales, on l'associe souvent à d'autres variétés précoces au cycle rapide, comme les épinards, les radis et les laitues. On plante généralement ces légumes entre les rangées de pois : au début de leur croissance, les plantes ne s'entrelacent pas, puis lorsque le pois est suffisamment haut, la plupart des autres légumes ont déjà été ramassés ; d'autres, comme les salades et les épinards, profitent de l'ombre que les pois leur procurent et qui les empêchent de « monter en graine ».

Après le bêchage, on procède au binage pour affiner la terre : il faut cependant éviter de trop affiner les particules de terre pour éviter de rendre sa surface trop compacte. Dans ce cas, s'il pleut après les semis, cela peut en effet entraver la sortie du germe de la terre. En résumé on commet une grave erreur que ce soit en laissant des mottes de terre trop importantes ou en rendant la surface du sol poudreuse : comme cela est le cas de manière générale, l'idéal est de trouver le juste milieu et de laisser, à titre indicatif, des particules de terre de la taille d'un noyau de cerise. Un nivellement de la surface du sol au râteau complètera comme toujours la préparation du lit de semence. Étant donné la précocité de certaines semences, il semble inutile de préparer le système d'irrigation du terrain, qui comme nous l'avons déjà souligné, s'impose uniquement dans des circonstances exceptionnelles de sécheresse au printemps.

Le semis

On considère encore aujourd'hui le pois comme une plante potagère de printemps, ce qui permet d'obtenir facilement des légumes primeurs; on le cultive plus rarement entre l'été et l'automne.

On peut anticiper les semis dans les régions où les chutes de température sont assez rares; généralement on sème les pois entre janvier et février et on les recouvre de films légers dans les régions les plus froides.

La période idéale, en fonction de la biologie de la plante, reste cependant

EN HAUT
Charpente pour pois nains semés en lignes.

EN BAS
Pois semés en lignes. Les grains doivent leur couleur bleu ciel au traitement qu'ils ont subi pour les protéger des maladies et de l'attaque des animaux terricoles.

PAGE DE GAUCHE
La culture du pois nécessite une terre moyennement fine.

de la fin février à tout le mois de mars jusqu'à la première décade d'avril. Pour récolter en automne, on sème plutôt de fin août à la mi-septembre.

En ce qui concerne le choix des variétés, on préfèrera les plus précoces ou les plus tardives en fonction de l'évolution du climat dans la région concernée et de sa propre disponibilité pour les récolter. On sème les pois **soit en poquets soit en lignes**, en respectant une distance de 80 à 90 cm entre chacune d'elles pour les variétés à rames, 30 à 40 cm pour les variétés naines et des valeurs intermédiaires pour les « demi-rames ». Le pois a une tige plus consistante que le haricot, ce qui nous incite à préférer le semis en lignes. En ce qui concerne les petits potagers domestiques, on dispose les rames au moment de semer ; les rames sont des tiges en bois ou de roseau que l'on dispose horizontalement et verticalement. On rame également les pois nains, car la structure permet une meilleure exposition des ramifications à la lumière, tout en empêchant la masse végétale de retomber sur elle-même.

Pour une culture en terrasse ou en balcon, on procède comme pour les haricots à écosser et les mange-tout : on dispose les semences (si possible des variétés naines) en lignes dans des bacs longs et étroits, que l'on installe ensuite aux endroits les plus chauds et les plus exposés à la lumière du soleil. Au fur et à mesure que la saison chaude passe, on déplace les contenants à des endroits plus frais de la terrasse, mais toujours bien éclairés.

L'entretien

Dans la mesure où les pois ne demandent pas d'arrosage particulier, le problème principal que pose cette culture est sans aucun doute celui de la gestion des *adventices* (mauvaises herbes). Les travaux de préparation avant le semis, la terre humide et fertile, le printemps sont autant d'éléments qui stimulent une croissance abondante et rapide des mauvaises herbes, qui ont généralement

Dans un potager, on doit cultiver les haricots et les pois en bonne harmonie avec les autres espèces.

Rangs de pois rampants
soutenus par un filet
et opportunément buttés.

tendance à pousser plus vite que les espèces cultivées. On comprend dès lors la nécessité de sarcler (supprimer les mauvaises herbes à la main ou à l'aide d'un sarcloir) au moment de la levée des pois, en particulier si elles sont cultivées en association avec d'autres plantes potagères ; on peut également biner la terre pour éliminer la racine des mauvaises herbes qui sont en compétition avec la plante cultivée.

Le sarclage est une technique manuelle, qui consiste à retirer l'adventice avec ses racines, si possible avant qu'il ne se mette à fleurir ou pire à fructifier. Certains adventices de printemps, comme la morgeline, la cardamine et la véronique fleurissent au moment où poussent les feuilles de pois. Si on intervient à la binette, on peut en même temps buter le pied des jeunes plantes. C'est d'ailleurs vivement recommandé, en particulier pour les variétés à rames, car on renforce ainsi leur point d'ancrage dans le sol et on favorise la formation de nouvelles racines superficielles.

Comme nous l'avons déjà mentionné, les arrosages sont rares dans la culture des pois. Si le printemps est particulièrement sec, on peut procéder à quelques arrosages au moment de la floraison ; la floraison est uniforme chez les plantes à développement déterminé et étalée chez les variétés à rames. Pour le pois comme pour les haricots, un arrosage à proximité de la récolte retarde la maturation des gousses.

En ce qui concerne l'apport en engrais dans les potagers, si la terre a déjà reçu de l'engrais avant les semis, il est déconseillé de procéder à d'autres interventions. En revanche si la terre est trop humide (compromettant ainsi le développement des bactéries fixatrices d'azote) ou si on constate des chutes soudaines de températures après le semis, il faut intervenir et distribuer de l'azote sous forme de nitrate d'ammonium en couverture, autrement dit lorsque toutes les plantes sont sorties de terre et que la végétation commence à lever et à occuper tout l'espace environnant.

Cueillette des pois : il faut impérativement se servir de ses deux mains pour éviter d'endommager la plante.

La récolte dans les potagers domestiques est toujours étalée et manuelle. Le moment idéal pour la cueillette est lorsque la gousse est turgescente, légèrement jaunie et bombée par les grains à l'intérieur.

L'autre astuce pour déterminer le bon moment de la cueillette consiste à observer les grains après les avoir écrasés entre ses doigts : ils ne doivent être ni liquéfiants ni farineux ; au goût, ils ne doivent pas dégager de saveur douceâtre.

On effectue la cueillette lorsque les gousses sont complètement sèches, mais pas encore ouvertes (en toute logique). La cueillette permet une meilleure conservation des grains secs ; dans ce cas, on arrache la plante entière.

En ce qui concerne les pois mange-tout, on se contente d'observer la taille de la gousse ; on pratique la cueillette lorsque la gousse a atteint 2/3 de sa taille et que les grains sont à peine visibles.

Pour les pois frais encore dans leur gousse, il ne faut pas les laisser plus de 10 à 15 jours dans le réfrigérateur, car les sucres des grains se transforment alors en amidon, le grain durcit et perd une grande partie de ses caractéristiques organoleptiques. Les grains récoltés secs sont rapidement exposés au soleil pour achever leur déshydratation (jusqu'à 6-7 % d'humidité), ils se conservent ensuite pendant quatre ans. Si les pois sont à 15 % d'humidité, on ne peut les conserver qu'une seule année.

On peut réutiliser les meilleurs grains secs pour faire des semis, même s'il est conseillé, dans le cadre d'un potager familial, de sélectionner les plantes parmi les meilleures et de prélever sur celles-ci les gousses mûres pour obtenir des semences maison.

LA CULTURE SUR BALCONS

Détail du *Phaseolus Caracalla.*

La culture de ces légumineuses sur un balcon ou une terrasse ne présente aucun problème particulier : l'important est de disposer d'espaces bien éclairés, pour permettre aux plantes de se développer, de fleurir et de fructifier convenablement. Si la surface utilisable est de taille réduite, il convient naturellement de cultiver des variétés naines, même s'il n'est pas rare d'observer des haricots à rames parfaitement intégrés parmi des plantes ornementales, au feuillage persistant ou caduc ; l'intérêt de ces derniers est soit de fractionner l'espace sur de grands balcons soit de servir de rideaux de protection sur une terrasse. Pour soutenir les variétés à rames, on utilise de simples fils de fer zingué, un filet en plastique, ou des claies en bois ou en bambou identiques à ceux utilisés pour le chèvrefeuille, le jasmin, la passiflore, la vigne vierge, etc.

Les bacs

Les bacs de culture les plus indiqués pour les haricots et les pois, et pour garantir des rendements satisfaisants,

DES HARICOTS ET DES POIS ET TERRASSES

sont essentiellement ceux en forme de parallélépipède rectangulaire, de préférence plutôt longs et qui ne font pas moins de 20 cm de profondeur.
On trouve facilement dans le commerce des produits légers, en plastique, qui sont tout aussi décoratifs que les pots classiques, mais qui ont l'avantage de ne pas surcharger le balcon ; ils sont en outre assez profonds pour contenir une bonne quantité de terre et permettre ainsi un bon développement des racines. Les bacs de grande taille, utilisés pour séparer les espaces sur des terrasses et des balcons,

Plantes à rames cultivées en terrasse.

PAGE DE GAUCHE
Pois de senteur (*Lathyrus odoratus*) en fleurs.

peuvent accueillir les variétés à rames ; on peut se contenter de planter ces dernières en petite quantité, car elles sont bien plus productives que les variétés précédentes. Les pots de grande taille peuvent également contenir des variétés à rames, à condition de penser à étêter les plantes lorsqu'elles atteignent le sommet du tuteur.

Le substrat

Le terreau universel, que l'on trouve facilement dans les magasins, est moelleux et fertile, il a donc toutes les qualités pour cultiver les plantes potagères. On peut parfaitement le réutiliser pour plusieurs cycles de culture dans des pots sur la terrasse. On remplit complètement le contenant de ce substrat, puis on l'humidifie avant de semer les légumineuses. En cours de culture, on devra constamment le maintenir humide grâce à des arrosages dont le rythme dépend en fait de la pluviosité et de l'exposition plus ou moins forte du pot au soleil. Il est très important d'arroser régulièrement, d'autant plus pendant la floraison car cela favorise la nouaison (les fleurs fécondées évoluent en fruits) des fleurs. Bien que les fleurs de haricots et de pois ne soient pas très éclatantes, elles compensent par leur abondance, qui donne un bel effet décoratif. Le cycle productif est assez long, en particulier chez les haricots, on doit donc surveiller une éventuelle carence en éléments nutritifs ; si cette dernière venait à se manifester, il faudrait alors intervenir en apportant des engrais liquides fortement dosés en phosphore et en potassium. L'azote, qui favorise un feuillage luxuriant et la croissance de la plante, doit être utilisé avec parcimonie (rappelons que les légumineuses sont capables de s'en procurer seules).

Dans le cas d'un semis en lignes, on doit impérativement respecter les espaces entre les trous et les rangées, en particulier pour les variétés à rames ; l'objectif est de réduire les risques de maladie dus à une présence excessive de plantes. Les pois, en revanche, ont un cycle productif plus court ; ils peuvent « meubler » une terrasse et un balcon, en particulier au début du printemps, lorsque les plantes ornementales caduques n'ont pas encore revêtu tout leur apparat foliaire. Au moment de la cueillette, lorsque les

Haricots mange-tout en pot.

Page de gauche
Graines de haricots en pot.

feuilles commencent à jaunir et à flétrir, on arrache les plantes en même temps, même si cela implique le sacrifice des quelques gousses immatures, car cela donne à l'ensemble un aspect désordonné et peu esthétique. Les haricots à écosser et les mange-tout gardent en revanche leur feuillage vert très longtemps, on peut donc arracher la plante lorsqu'elle ne rend plus, avec l'arrivée des premiers grands froids.

Les variétés

En ce qui concerne la culture des pois en terrasse ou balcon, il vaut mieux opter pour les variétés naines et précoces ; quant aux haricots, tout est une question de place.

On trouve parmi les variétés naines et à rames des sujets particulièrement décoratifs, par leurs couleurs, la richesse de leurs fleurs, la brillance de leurs feuilles et l'originalité de leurs fruits. Les variétés à rames durent non seulement plus longtemps mais elles sont également plus productives : on recommande à ce titre les variétés F1, qui ont généralement un feuillage plus important ; elles sont également plus résistantes aux maladies et beaucoup plus productives.

LES MALADIES ET LES LUTTES À MENER

Même si ces plantes potagères sont cultivées à des périodes différentes dans l'année, dans la plupart des cas elles sont frappées par les mêmes types de maladie et d'insecte. Dans le souci de ne pas se répéter inutilement, nous avons donc choisi de traiter ce sujet en commun, pour les trois types de légumineuses.

Bien que le cycle végétatif des légumineuses ne dure que quelques mois, les maladies ne manquent pas : elles peuvent endommager les gousses, les graines ou, pire, s'attaquer à toute la plante.

Les viroses

Le virus le plus répandu est celui de la « **mosaïque commune chez le haricot** » (V.M.C.H.), appelé ainsi car il apparaît essentiellement chez cette espèce. Les feuilles qui sont touchées montrent des taches de chlorose « en forme de mosaïque » ; ces taches sont visibles à l'œil nu et frappent toute la limbe. Avec le temps, les feuilles montrent d'abord des lésions bulleuses, puis elles se déforment et deviennent toutes ratatinées. La plante a du mal à pousser et finit souvent par mourir. Certaines variétés résistent à ce virus, notamment les variétés naines dites « à filet sans fil » : Marbel, Oxinel, Vilbel, Tilsam, Talisman, Organdi, Argus.

Le virus de la « **mosaïque jaune** » (V.M.J.H.) attaque le feuillage : les feuilles commencent par jaunir, puis elles s'assèchent et se craquèlent, tandis que les gousses se déforment. La maladie se propage très facilement à travers les piqûres des pucerons. Il n'existe aucun traitement spécifique à ce type de maladie, la prévention est la seule et unique solution.

Les virus se transmettent essentiellement à travers les graines, les outils de jardin, les insectes (en particulier les pucerons) et les nématodes, c'est pourquoi on doit :

– utiliser des graines de variétés génétiquement résistantes ou issues de plantes exemptes de viroses ;

– nettoyer les outils de jardin qui ont été en contact avec des plantes malades et,

les désinfecter avec une solution à base d'eau mélangée à 10-15 % d'eau de Javel ;
– combattre les infestations de pucerons, qui sont les principaux vecteurs des virus ;
– arracher et détruire rapidement les plantes qui présentent les symptômes de la virose.

Les maladies dues aux bactéries

Le genre *Pseudomonas* regroupe des bactéries qui frappent les plantes potagères. Toutes les infections dues à ces bactéries touchent la partie aérienne de la plante, en particulier la maladie la plus répandue, appelée « **graisse à halo du haricot** ». La bactérie profite des ouvertures stomatiques situées sur la face inférieure des feuilles ou encore des lésions pour s'introduire et provoquer l'apparition de taches, de forme longitudinale entourées d'un halo plus clair. Les taches sur les gousses présentent un suintement de couleur clair et d'aspect gélatineux. Les grains sont alors contaminés et peuvent

Les résidus de culture laissés sur la terrasse sont souvent des vecteurs de maladie.

Traces de graisse à halo sur les feuilles de haricot.

PAGE DE DROITE
Vue détaillée du *Lathyrus sylvestris*.

transmettre la maladie. Les principaux vecteurs de diffusion, outre les grains que nous avons déjà cités, sont les résidus de culture dans la terre. La prévention prend également ici toute son importance : elle passe par l'utilisation de semences saines et la destruction des déchets végétaux ; on peut également utiliser une protection de type chimique, à l'aide de produits bactériostatiques à base de cuivre qui bloquent l'infection dès les premiers signes d'apparition (oxychlorure et bouillie bordelaise).

Les champignons

L'anthracnose du haricot (*Collectotrichum lindemuthianum*) est la maladie la plus grave qui frappe ce type de légumineuses. Elle concerne toute la partie aérienne de la plante et en particulier les jeunes gousses, qui présentent des taches de forme arrondie puis se creusent, deviennent rabougries et plus foncées sur les bords. Parfois les taches envahissent tout le fruit et aboutissent à sa dégénérescence. On observe la présence de taches identiques sur les feuilles.
La maladie survient dans des conditions bien précises : l'air est très humide et la température tourne autour de 18-24 °C. Le champignon pénètre soit à travers les ouvertures naturelles des feuilles (les stomates) soit de manière active en perforant les tissus de la plante.
L'utilisation de semences traitées ou du moins saines, le système de rotation des cultures et un entretien attentif à chaque fin de cycle, contribuent nettement à maîtriser l'infection. Mais si elle venait

tout de même à apparaître et sous une forme particulièrement grave, en particulier sur les mange-tout, on peut procéder à des traitements chimiques en utilisant des produits riches en cuivre (oxychlorure ou mieux la bouillie bordelaise) ou encore des dithiocarbamates comme le ziram.

Les insectes

Les principaux ennemis des haricots à écosser, des mange-tout et des pois sont les pucerons, et plus particulièrement **les pucerons noirs** (*Aphis fabae*), qui frappent indifféremment toutes les légumineuses et bien d'autres espèces potagères. Les conséquences de ces attaques sont : des feuilles recroquevillées, une croissance limitée et une qualité moindre du produit en raison du miellat visqueux que ces insectes produisent. Cette substance sucrée attire un nombre important de fourmis, qui n'ont cependant aucune incidence sur les plantes. Les pucerons ou aphides développent plusieurs générations entre le printemps

et l'automne ; ils s'installent soit sur les plantes cultivées soit sur les mauvaises herbes qui poussent spontanément comme les viornes et les patiences.
Le meilleur moyen de lutter contre ces derniers est d'utiliser des produits chimiques, des anti-pucerons (pyrimicarbe, cyperméthrine, etc.) ; cela est d'autant plus conseillé que ces insectes ne se contentent pas de provoquer des dégâts importants, mais ils transmettent également et très facilement le virus.
On peut empêcher la prolifération des pucerons en ayant recours à leurs ennemis naturels, par exemple des insectes comme les coccinelles. Dans les jardins bio, on utilise avec succès un produit naturel, le purin d'ortie : on fait macérer la partie aérienne des orties dans de l'eau pendant une semaine. On vaporise ensuite le liquide sur les pucerons, qui n'apprécient pas du tout l'odeur.
On rencontre d'autres insectes très dangereux dans les haricots secs : la « **bruche du pois** » (*Bruchus pisorum*) et la « **bruche du haricot** » (*Acanthoscelides obtectus*). On devine leur présence aux « trous » parfaitement ronds que l'on observe souvent sur les légumes secs. Ce coléoptère hiverne en effet à l'intérieur des grains. Mais ce qui provoque la dégénérescence du grain et donc l'auteur des véritables dégâts, c'est la larve ; l'insecte pond ses œufs sur les gousses, et la larve perce les valves pour pénétrer dans les grains qu'elle ronge de l'intérieur jusqu'à les vider complètement. Puis elle se niche dans le grain qui est mature. Dans les entrepôts de conservation, la bruche de pois reste attachée à son grain, alors que la bruche de haricot se reproduit plusieurs fois et poursuit son œuvre destructrice sur tous les grains qu'elle rencontre.
La maladie se répand déjà au moment du semis ; le seul moyen de lutter est de désinfecter les grains conservés avec du sulfure de carbone et d'utiliser des grains traités avec des fongicides pour les semis.
Les haricots et les pois « bruchés » ou « charançonnés » sont impropres à la consommation et ne peuvent pas servir de semences.

APPENDICE

COMPOSITION CHIMIQUE POUR 100 G DE PARTIE COMESTIBLE	Unité de mesure	Haricots frais	Haricots secs	Pois frais	Pois secs	Mange-tout	Haricot à écosser	Pois	Mange-tout
part comestible		41	100	47	100	95	41	47	95
eau	g	62,3	10,7	76,1	13,0	90,5	62,3	76,1	90,5
protéines	g	6,4	23,6	7,0	21,7	2,1	6,4	7	2,1
lipides	g	0,6	2,5	0,2	2,0	0,1	0,6	0,2	0,1
Glucides (amidon)	g	16,5 *	43,2	7,3 *	45,7	0	16,5*	7,3*	0
glucides (solubles)*	g	1,3 *	4,0	4,4 *	2,9	2,4	1,3*	4,4*	2,4
glucides (fibre)	g	1,8 *	5,0	2,6 *	5,0	1,1 *	1,8*	2,6*	1,1*
valeur énergétique	Kcal	104	311	76	306	17	104	76	17
fer	mg	3,0	6,7	1,8	4,5	0,9	3	1,8	0,9
calcium	mg	44,0	137,0	47,0	48,0	35,0	44	47	35
phosphore	mg	180,0	437,0	101,0	320,0	48,0	180	101	48
vitamine B 1	mg	0,44	0,4	0,42	0,58	0,07	0,44	0,42	0,07
vitamine B 2	mg	0,10	0,17	0,18	0,15	0,15	0,1	0,18	0,15
vitamine PP	mg	1,0	2,3	1,0	2,2	0,8	1	1	0,8
vitamine A	mcg	18,0	3,0	49,0	10,0	41,0	18	49	41
vitamine C	mg	10,0	3,0	28,0	4,0	16,0	10	28	16

*** ces données varient en fonction du degré de maturation du produit**

Extrait de *Agricoltura*, mensuel de la MAF - Institut national de nutrition (Italie).

Pain type 00	Pâtes à la semoule de blé dur	Blanc de poulet	Veau	Jambon cru	Truite	Œufs	Lait demi-écrémé	Riz	Fromage affiné	Fromage frais
100	100	100	100	100	55	89	100	100	100	100
29	10,8	75,3	76,9	41,7	80,5	73,9	88,5	12	41,1	54,8
8,2	10,9	22,2	20,7	22,2	14,7	13	3,5	6,7	24,5	20,6
0,4	1,4	0,9	1	31,2	3	11,1	1,8	0,4	26,9	20,3
59,1	68,1	0	0	0	0	0	0	72,9	0	0
1,9	4,2	0	0	0	0	1	5	0,2	0,8	0,7
0	2,7	0	0	0	0	0	0	1	0	0
290	353	97	92	370	86	156	49	332	343	268
0,8	1,4	1,6	2,3	1,2	1	2,5	0,1	92	0,3	0,4
14	22	19	14	20	14	50	120	0,8	870	350
63	189	200	214	177	220	210	94	24	561	355
0,04	0,10	0,06	0,15	0,91	0,08	0,11	0,04	94	0,01	0,03
0	0,20	0,12	0,26	0,26	0,06	0,31	0,18	0,11	0,45	0,27
0	2,50	13	6,3	5	3	0,1	0,1	0,03	0,20	0,30
0	0	0	0	0	traces	225	15	1,30	420	300
0	0	0	0	0	traces	0	1	0	0	0

Achevé d'imprimer en janvier 2007
à Bergame, Italie,
sur les presses de Grafiche Print

Dépôt légal : janvier 2007
Numéro d'éditeur : 9845